MÉMOIRE

SUR

LES MESURES QU'IL CONVIENT DE PRESCRIRE

LORS DE L'EXHUMATION DES RESTES

DE L'EMPEREUR NAPOLÉON.

MÉMOIRE

sur

LES MESURES QU'IL CONVIENT DE PRESCRIRE

LORS DE L'EXHUMATION DES RESTES

DE L'EMPEREUR NAPOLÉON,

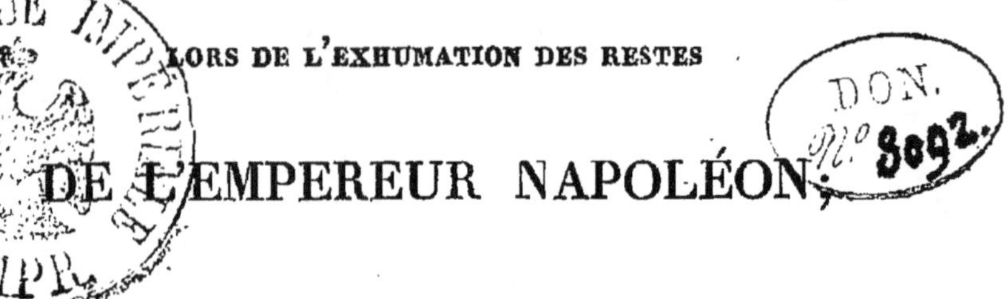

PAR MM. BOUTRON, D'ARCET, PELLETIER

ET

OLLIVIER (D'ANGERS), *Rapporteur.*

A PARIS,

CHEZ J.-B. BAILLIÈRE,

LIBRAIRE DE L'ACADÉMIE ROYALE DE MÉDECINE,

RUE DE L'ÉCOLE-DE-MÉDECINE, N. 17.

A LONDRES, CHEZ H. BAILLIÈRE, 219, REGENT-STREET.

1841.

EXTRAIT

DES ANNALES D'HYGIÈNE PUBLIQUE. [1]

(TOME XXV, 1ʳᵉ PARTIE.)

MÉMOIRE

SUR LES MESURES QU'IL CONVIENT DE PRESCRIRE

LORS DE L'EXHUMATION

DES RESTES DE L'EMPEREUR NAPOLÉON.

Paris, ce 5 juin 1840.

Monsieur le ministre,

Vous avez désiré qu'une commission prise dans le sein du conseil de salubrité examinât s'il n'y aurait pas des précautions particulières à prescrire, lors de l'exhumation des restes de l'empereur Napoléon, pour en assurer la conservation, non-seulement pendant cette opération, mais encore dans le cours de la longue traversée que nécessite leur translation en France.

Pour donner des instructions utiles dans une telle circonstance, nous avions besoin de quelques explications

---

(1) Ce journal, rédigé par MM. Adelon, Andral, Barruel, Chevallier, D'Arcet, Devergie, Esquirol, Gaultier de Claubry, Guérard, Keraudren, Leuret, Marc, Ollivier (d'Angers), Orfila, Villermé, est publié depuis 1829, tous les trois mois, par cahiers de 15 à 16 feuilles (250 pages, avec planches). — Prix de l'abonnement par année : à Paris ; 18 fr., et franc de port, pour la France, 21 fr.

A Paris, chez J. B. Baillière, libraire, rue de l'École-de-Médecine, n° 17.

préliminaires. En effet, indépendamment des conditions toutes spéciales qui favorisent la décomposition des corps dans certains cas déterminés, et qui peuvent hâter leur destruction, il est une cause générale qui exerce toujours une grande influence sur les progrès de la putréfaction ; nous voulons parler de l'action de l'air et de l'humidité.

Il importait donc que nous eussions d'abord des renseignemens précis, bien circonstanciés, sur l'ensevelissement et l'inhumation du corps de Napoléon, car les mesures qui peuvent être prises doivent varier suivant que le corps aura été ou non soustrait complètement au contact de l'air jusqu'à l'époque de l'exhumation.

Voici le résumé succinct des faits que nous a rapportés à ce sujet, M. Marchand, valet-de-chambre de l'empereur, qui, sur votre invitation, monsieur le ministre, s'est empressé de se rendre près de la commission, et de lui donner tous les détails de ce qu'il avait lui-même observé.

L'autopsie, faite par le docteur Antommarchi, a été bornée à l'ouverture des cavités de la poitrine et de l'abdomen. Le cœur fut enlevé et déposé avec de l'alcool dans un vase d'argent qui fut scellé et placé ensuite près du corps, dans le cercueil; l'estomac fut de même recueilli et placé avec de l'esprit-de-vin dans un autre vase d'argent, qui fut aussi exactement soudé et déposé dans la bière. Le crâne est resté intact.

Aucun aromate, aucun moyen d'embaumement, ne fut employé après cette opération. Les parties incisées furent rapprochées par des points de suture, le corps de l'empereur fut ensuite complètement habillé, et revêtu de l'uniforme qu'il affectionnait, celui des chasseurs à cheval de la vieille garde.

Il resta ainsi exposé sur un lit de parade du 6 au 7 mai. Dès le 7 au matin, le corps répandait déjà une odeur putride assez prononcée, et le soir du même jour, il fut déposé dans un premier cercueil en ferblanc, doublé de soie blanche, la tête soulevée par un oreiller de même étoffe. Ce premier cercueil fut soudé avec soin et placé dans un second cercueil en plomb, dont tous les compartimens furent exactement soudés (1): celui-ci fut enfin renfermé dans une caisse en acajou de 18 millimètres d'épaisseur environ, et fermée avec des clous à vis.

Dès-lors, il n'y eut plus d'odeur bien prononcée, et M. Marchand ne se rappelle pas qu'il s'en soit dégagé d'une manière appréciable pendant le transport du corps de Longwood au caveau où il devait être déposé.

Les murs de ce caveau, qui peuvent avoir 2 mètres et demi à 3 mètres de profondeur sur un mètre 25 centimètres de largeur, sont en maçonnerie; ils avaient été construits par les ordres de sir Hudson-Lowe, *immédiatement après la mort de Napoléon*. Le cercueil fut descendu au fond de ce caveau. M. Marchand n'a pu nous dire s'il avait été posé à plat sur le fond du caveau, ou soulevé par des traverses qui l'en isoleraient. Une large dalle en pierre fut ensuite scellée au-dessus du cercueil, à la hauteur d'un mètre environ de distance du fond du caveau; en sorte qu'il existe autour de la bière un vide assez considérable, et un intervalle d'un mètre 20 ou 30 centimètres environ qui sépare la dalle placée au-dessus du cercueil des dalles qui forment la partie supérieure du caveau.

Enfin, nous ignorons qu'elle est la nature du sol dans lequel ce caveau a été creusé, et nous ne savons pas davantage s'il est habituellement sec ou humide.

D'après les détails qui précèdent, il est impossible de prévoir dans quel état particulier les restes de l'empereur

____

(1) Les détails officiels de l'exhumation que nous rapportons ci-après, rectifieront ce qu'il y a eu d'inexact à ce sujet dans les souvenirs de M. Marchand.

Napoléon peuvent être actuellement; indiquons donc ici les divers modes de destruction que le corps peut avoir subis, par suite des conditions spéciales dans lesquelles il se trouvait.

Les progrès de la décomposition putride ont été nécessairement hâtés dès l'origine par le fait seul de l'autopsie qui a précédé l'exhumation. Or, les produits de cette décomposition, qui était devenue promptement manifeste, n'ont-ils pas alors altéré le métal du premier cercueil, de manière à le détruire complétement dans certains points de sa surface? Dans ce cas, pour peu que les soudures du cercueil en plomb n'aient pas été faites exactement, il est à craindre qu'un air humide (1) n'ait pas tardé à avoir accès dans l'intérieur de la bière, et dès-lors une destruction plus rapide du corps en aura été sa conséquence.

Au contraire, si les divers cercueils sont restés intacts, si leurs parois ont préservé le corps de tout contact avec l'air humide du caveau, malgré l'intervalle des dix-neuf années écoulées depuis la mort de l'empereur, il est possible que le cadavre soit en partie momifié, ou que la bière contienne encore des débris demi-liquides, ainsi qu'on l'a observé dans des exhumations faites après un temps beaucoup plus long, et dans lesquelles le corps avait été renfermé dans un cercueil en plomb bien exactement soudé.

Nous avons donc pensé qu'il convenait de prescrire des mesures applicables à chacun des cas que nous venons d'indiquer comme autant d'éventualités qui pouvaient se présenter.

---

(1) On a vu que la construction du caveau ne fut commencée qu'après la mort de l'empereur; il était donc vraisemblable que les murs, dont la maçonnerie était aussi récente, pouvaient entretenir pendant quelque temps plus ou moins d'humidité dans l'espace occupé par le cercueil.

Mais il est une première question dont la solution peut abréger toutes les mesures nécessitées par l'exhumation ; c'est celle-ci :

Doit-on constater ou non l'identité du corps avant son enlèvement de l'île Sainte-Hélène ?

Si le gouvernement français accepte sans contrôle le dépôt qui doit lui être remis par le gouvernement anglais, le moyen le plus sûr de conserver les restes de l'Empereur dans l'état où ils sont aujourd'hui, c'est de placer les cercueils tels qu'ils sont, dans une caisse de plomb *coulé*, immédiatement après l'exhumation, et sur les lieux mêmes, après leur extraction du caveau. Il importe que ce cercueil d'enveloppe soit en plomb coulé et non pas en plomb *laminé*, parce que les feuilles de ce dernier présentent assez souvent des fissures plus ou moins étendues. Ces feuilles de plomb coulé devront avoir 2^m, 5 d'épaisseur.

Les cercueils ainsi renfermés dans une enveloppe bien hermétiquement close, seront ensuite placés dans la caisse d'ébène que l'on fait confectionner ici.

De la sorte on n'aura point à redouter l'influence destructive de l'air et de l'humidité pendant la traversée, et les restes de Napoléon arriveront ainsi à Paris dans l'état où ils se trouvaient à Sainte-Hélène, sauf le dérangement que les objets renfermés dans la bière pourront éprouver pendant le transport du cercueil.

Mais si l'identité du corps doit être constatée au moment de l'exhumation, voici les précautions qu'il nous paraît utile de prendre en procédant à cette opération, et les recherches qu'on devra faire.

Quand on séparera le cercueil en bois des caisses métalliques qu'il recouvre, on évitera soigneusement d'imprimer des secousses brusques à ces dernières, surtout si elles paraissent être intactes. Si elles sont, au contraire, détériorées ou percées, le couvercle sera coupé à son pourtour

avec des cisailles, et l'on procédera le plus promptement
possible à la constatation de l'identité du corps.

Nous n'avons pas à énumérer ici les différens objets qui
ont été déposés près du corps de Napoléon : leur indication
est connue. Mais il est plusieurs particularités relatives au
corps lui-même sur lesquelles l'attention devra être fixée.

Ainsi, il résulte des renseignemens que M. Marchand
nous a donnés, qu'à l'exception de deux dents qui lui furent arrachées par le docteur O'Méara, l'empereur avait
conservé toutes les autres jusqu'à sa mort : les dents enle-
vées étaient deux molaires. On devra donc vérifier le
nombre de celles qui restent, car quel que soit le degré de
destruction du corps, ces os doivent encore exister avec
tous leurs caractères.

En second lieu, d'après les instructions qu'il avait reçues,
M. Marchand coupa très ras tous les cheveux qui recou-
vraient sa tête. Or, si le corps a subi une momification
dans quelques-unes de ses parties, les tégumens du crâne
offriront surtout cet état particulier, et on pourra juger
facilement de la longueur des cheveux qui y seront encore
implantés. Leur couleur peut même ne pas avoir éprouvé
de changement notable.

Enfin, dans la soirée du 6 mai 1821, la face de Napoléon fut moulée. Il paraît qu'à défaut de plâtre on se ser-
vit de la chaux d'une pierre calcaire qui se trouvait au
milieu des galets de la plage de Sainte-Hélène. Il est possible, ainsi qu'on le voit habituellement dans cette opération de moulage, que quelques parties de la pâte calcaire
appliquée sur le visage, soient restées adhérentes aux poils
des sourcils. On devra donc faire des recherches à ce
sujet.

Nous croyons presque inutile d'ajouter ici que nous
raisonnons toujours dans l'hypothèse où la tête en particulier aurait subi une véritable momification; enfin, lors

même que toutes les parties molles en auraient été détruites, qu'elle serait réduite à l'état de squelette, on s'assurera si la cavité des fosses nasales ne contiendrait pas quelques débris desséchés de la pâte calcaire qui auraient pu pénétrer par les narines au moment du moulage.

Comme nous l'avons déjà dit, il est nécessaire que la vérification de tout ce qui se rattache à la question d'identité, soit faite aussi rapidement que possible, afin de soustraire promptement toutes les parties au contact de l'air; moins leur exposition sera prolongée, et plus on aura de chances de les conserver intactes (1).

Cette constatation terminée, les restes de l'empereur seront immédiatement renfermés dans un cercueil en plomb coulé, bien exactement clos, et dont le couvercle sera soigneusement soudé; on pourra ensuite le placer dans le cercueil d'ébène dont nous avons déjà parlé.

Toutes les observations qui précèdent et les mesures que nous venons d'indiquer sont applicables, comme on l'a vu, au cas dans lequel les cercueils en métal auraient été détériorés ou détruits dans une étendue plus ou moins considérable; mais s'ils sont encore intacts, exactement clos, au moment de l'exhumation, alors on devra employer pour les ouvrir les précautions suivantes.

---

(1) Ce qui a été remarqué au moment où le corps de l'empereur fut découvert, a prouvé combien nous avions eu raison d'insister sur la nécessité d'abréger le plus possible les recherches relatives à la constatation d'identité. En effet, on s'est hâté, suivant nos instructions, de refermer le cercueil, car *deux minutes* étaient à peine écoulées depuis l'exposition du corps à l'air, que déjà l'aspect de la face était moins reconnaissable, son état de conservation s'altérait sensiblement. Ce fait a été reconnu par les commissaires du gouvernement, chargés de présider à cet examen; à la vérité, l'atmosphère était brumeuse, une pluie fine survint même pendant le transport du cercueil jusqu'au rivage, et cette circonstance n'aura pas peu contribué à déterminer un commencement de décomposition.

Ces cercueils seront placés sur une table exposée en plein air. On pratiquera à une de leurs extrémités, et près du couvercle un trou de 20 à 25 millimètres de diamètre, en ayant soin de se garantir des gaz qui pourraient sortir avec force de l'intérieur du cercueil s'ils y étaient comprimés. On percerait ensuite un autre trou semblable à l'extrémité opposée du cercueil, puis au moyen d'un soufflet, on en chasserait les gaz infects, en y faisant ainsi passer successivement une assez grande quantité d'air.

On pourra alors achever de désinfecter l'intérieur du cercueil en y injectant une quantité suffisante de créosote. Nous préférons cette matière au chlore qui, dans cette circonstance, pourrait altérer les différens objets contenus dans le cercueil.

La désinfection, ainsi opérée, le cercueil sera ouvert de la manière déjà indiquée, et l'on pourra encore, si l'on veut, répandre en même temps du chlorure de chaux sec autour de la bière, sur la table et sur le sol.

Si l'on trouvait alors les restes du corps mêlés à des liquides stagnans au fond du cercueil, on dessécherait le tout en se servant de sciure de bois bien sèche, et rendue odorante par l'addition d'une quantité convenable de créosote. On procéderait ensuite à l'examen du contenu du cercueil, comme si les restes du corps eussent été trouvés à l'état sec. Ils seraient immédiatement placés dans un autre cercueil en plomb, exactement clos et bien soudé.

Nous n'avons pas proposé pour ces diverses opérations le chlorure de chaux, attendu sa conversion immédiate en chlorure de calcium, et l'inconvénient qu'il a alors tout à-la-fois d'attirer l'humidité de l'air et d'attaquer les métaux.

Enfin, si le cœur et l'estomac sont retrouvés intacts ou peu altérés, on conserverait chacun de ces organes dans un vase bien clos, préalablement rempli d'alcool à 38° ou 40°.

Tels sont, monsieur le ministre, les moyens qui nous paraissent les plus propres à assurer la conservation des restes actuels de l'empereur Napoléon, lorsqu'on en fera l'exhumation.

Nous avons l'honneur d'être, etc.

———

Comme complément de ce mémoire, je vais transcrire ici les détails officiels de l'exhumation ; ils rectifieront quelques-uns de ceux qui nous avaient été donnés par M. Marchand, et dont nous n'eûmes pas le loisir (1) ni les moyens de vérifier l'exactitude. Il ne sera pas sans intérêt d'ailleurs de juger par le rapprochement de ces pièces, jusqu'à quel point nos prévisions ont été justifiées, et d'apprécier ainsi l'opportunité et l'utilité des instructions que nous avions rédigées en l'absence de documens précis sur l'inhumation du corps de Napoléon. J'extrais les rapports qui suivent, du journal *le Messager*, n° du 4 décembre 1840.

Détails de l'exhumation.

« ..... Après avoir fait d'abord enlever la grille en fer qui entourait le tombeau avec les fortes couches de pierres cramponnées sur lesquelles elle était scellée, on a pu entamer alors la surface extérieure de la tombe, laquelle recouvrant un espace de 3 mètres 46 centimètres (11 pieds 6 pouces anglais) de longueur, sur 2 mètres 42 centimètres (8 pieds 1 pouce) de largeur, était composée de trois dalles de 15 centimètres (6 pouces) d'épaisseur, encadrées

———

(1) Appelés le 2 juin près du ministre de l'intérieur, il nous fit seulement alors connaître le motif de notre convocation, et nous pria de lui remettre notre travail dans le plus bref délai. Le mémoire était terminé le 4, et nous le lui lûmes le lendemain 5 juin.

dans une seconde bordure de maçonnerie. A une heure et demie cette première couche était entièrement enlevée.

« Il s'est présenté alors un mur rectangulaire formant, comme nous avons pu le vérifier plus tard, les quatre faces latérales d'un caveau, ayant 3 mètres 3o centimètres (11 pieds) de profondeur, et 1 mètre 4o centimètres (4 pieds 8 pouces) de largeur, et 2 mètres 4o centimètres (8 pieds) de longueur. Ce caveau était entièrement rempli de terre jusqu'à une distance de 15 centimètres (6 pouces) environ de la couche de dalles déjà enlevée. Après avoir creusé dans ce caveau et en avoir retiré la terre, on a rencontré à une profondeur de 2 mètres 5 centimètres (6 pieds 10 pouces) une couche horizontale de ciment romain s'étendant sur tout l'espace compris entre les murs du caveau auxquels elle adhérait hermétiquement. Cette couche ayant été à trois heures complètement découverte, les soussignés commissaires sont descendus dans le caveau et l'ont reconnu parfaitement intact de toutes parts et sans lésion aucune; la couche de ciment sus-mentionnée ayant été percée, on s'est assuré qu'elle en couvrait une autre de 27 centimètres (10 pouces) d'épaisseur, en moellons liés ensemble par des tenons de fer et qui n'ont pu être entièrement enlevés qu'après quatre heures et demi de travail.

« Immédiatement au-dessous de la couche ainsi démolie, nous avons trouvé une forte dalle ayant 1 mètre 98 centimètres (6 pieds 7 pouces 1/2) de long, 90 centimètres (13 pieds) de large et 12 centimètres (5 pouces) d'épaisseur, formant, comme nous en avons acquis la certitude plus tard, le recouvrement du sarcophage intérieur en pierres de taille contenant le cercueil. Cette dalle, parfaitement intacte, était encadrée dans une bordure de moellons et de ciment romain fortement liée aux parois du caveau. Cette dernière maçonnerie ayant été défaite avec soin, et deux boucles ayant été fixées sur la dalle, à neuf heures et demie tout était prêt pour l'ouverture du sarcophage. Alors le docteur Guillard a purifié la tombe au moyen d'aspersions de chlorure, et la dalle a été soulevée à l'aide d'une chèvre et déposée sur le bord de la tombe.

« Les commissaires sont alors descendus pour visiter le cercueil, qu'ils ont trouvé bien conservé, sauf une petite portion de la partie inférieure, laquelle, quoique reposant sur une forte dalle, elle-même appuyée sur des pierres de taille, était légèrement altérée; il a ensuite été retiré avec des crochets et des bricoles. Quelques précautions sanitaires ayant été de nouveau prises par le chirurgien, les commissaires sont redescendus dans le sarcophage qu'ils ont reconnu être dans un état parfait de conservation et entièrement conforme aux descriptions officielles de la sépulture.

« Conformément à des arrangemens arrêtés à l'avance, on a fait enlever avec précaution le premier cercueil dans lequel nous avons trouvé un cercueil de plomb en bon état que nous avons fait placer dans celui qui était envoyé de France. On a coupé alors et soulevé avec le plus grand soin la partie supérieure du cercueil de plomb dans lequel on a trouvé un nouveau cercueil de bois, lui-même en très bon état et répondant aux descriptions et aux souvenirs des personnes présentes qui avaient assisté à la sépulture. Le couvercle du troisième cercueil ayant été enlevé, il s'est présenté une garniture de ferblanc légèrement oxidée, laquelle ayant été également coupée et retirée a laissé voir un drap de satin blanc; ce drap a été soulevé avec la plus grande précaution par les mains seules du docteur, et le corps entier de Napoléon a paru. Les traits avaient assez peu souffert pour être immédiatement reconnus. Les divers objets déposés dans le cercueil ont été remarqués dans la position exacte où ils avaient été placés, les mains singulièrement bien conservées, l'uniforme, les ordres, le chapeau fort peu altérés, toute la personne enfin, semblaient attester une inhumation récente. Le corps n'est resté exposé à l'air que pendant les deux minutes au plus nécessaires au chirurgien pour prendre les mesures prescrites par ses instructions à l'effet de les préserver de toute altération ultérieure.

Le cercueil en ferblanc et le premier cercueil en bois ont été immédiatement refermés ainsi que le cercueil en plomb; celui-ci a été resoudé avec le plus grand soin sous la direction de M. le docteur Guillard, et fortement fixé par des coins dans le nouveau cercueil de plomb envoyé de Paris, lequel a été également soudé hermétiquement. Le nouveau cercueil en ébène a été alors fermé à la clef qui a été remise au soussigné commissaire français (*Extrait de l'acte d'exhumation et de remise des restes de Napoléon*).

Procès-verbal de l'examen du corps de Napoléon.

Je soussigné Guillard (Remy-Julien), docteur en médecine, chirurgien-major de la frégate la *Belle-Poule*, m'étant rendu, dans la nuit du 14 au 15 octobre 1840, sur l'invitation de M. le comte de Rohan-Chabot, commissaire du roi, à la vallée du Tombeau, île de Sainte-Hélène, pour assister à l'exhumation des restes de l'empereur Napoléon, en ai dressé le présent procès-verbal :

Pendant les premiers travaux, il n'a point été pris de précautions sanitaires, aucune exhalaison méphitique n'est sorti des terres que l'on remuait, ni du caveau dont on faisait l'ouverture.

Le caveau ayant été ouvert, j'y suis descendu : au fond était le cercueil de l'empereur ; il reposait sur une large dalle, assise elle-même sur des montans en pierre. Les planches en acajou qui le formaient avaient encore leur couleur et leur dureté, excepté celles du fond, qui, garnies de velours, présentaient un peu d'altération dans les couches les plus superficielles. On ne voyait à l'entour aucun corps solide ni liquide. Quant aux parois du caveau elles n'offraient pas la plus légère dégradation, çà et là quelques traces d'humidité.

M. le commissaire du roi m'ayant engagé à ouvrir les cercueils intérieurs, j'ai dû les soumettre d'abord à quelques mesures sanitaires ; immédiatement après, j'ai procédé à leur ouverture. La caisse extérieure était fermée par de longues vis, il a fallu les couper pour enlever le couvercle ; dessous était une caisse en plomb, close de toutes parts, qui enveloppait une autre caisse en acajou parfaitement intacte ; venait enfin une quatrième caisse en ferblanc dont le couvercle était soudé sur les parois qui se repliaient en dedans. La soudure a été coupée lentement et le couvercle enlevé avec précaution ; alors j'ai vu un tissu blanchâtre qui cachait l'intérieur du cercueil et empêchait d'apercevoir le corps, c'était du satin ouaté, formant une garniture dans l'intérieur de cette caisse. Je l'ai soulevé par une extrémité, et, le roulant sur lui-même des pieds vers la tête, j'ai mis à découvert le corps de Napoléon que j'ai reconnu aussitôt, tant son corps était bien conservé, tant sa tête avait de vérité dans son expression.

Quelque chose de blanc qui semblait détaché de la garniture couvrait, comme d'une gaze légère, tout ce que renfermait le cercueil. Le crâne et le front, qui adhéraient fortement au satin, en étaient surtout enduits ; on en voyait peu sur le bas de la figure, sur les mains, sur les orteils. Le corps de l'empereur avait une position aisée ; c'était celle qu'on lui avait donnée en le plaçant dans le cercueil : les membres supérieurs étaient allongés, l'avant-bras et la main gauche appuyant sur la cuisse correspondante, les membres inférieurs légèrement fléchis.

La tête, un peu élevée, reposait sur un coussin ; le crâne volumineux, le front haut et large se présentaient couverts de tégumens jaunâtres, durs et très adhérens. Tel paraissait aussi le contour des orbites, dont le bord supérieur était garni de sourcils. Sous les paupières se dessinaient les globes oculaires, qui avaient perdu peu de chose de leur volume et de leur forme. Ces paupières, complètement fermées, adhéraient aux parties sous-jacentes et se présentaient dures sous la pression des doigts. Quelques cils se voyaient encore à leur bord libre. Les os propres du nez et les tégumens qui les couvrent étaient bien conservés, le tube et les ailes seuls avaient souffert. Les joues étaient bouffies. Les tégumens de cette partie de la face se faisaient remarquer par leur toucher doux, souple et leur couleur blanche ; ceux du menton étaient légèrement bleuâtres. Ils empruntaient cette teinte à la barbe qui semblait avoir poussé après la mort. Quant au menton lui-même, il n'offrait point d'altération et conservait encore ce type propre à la figure de Napoléon. Les lèvres amincies étaient écartés, trois dents incisives, extrêmement blanches, se voyaient sous la lèvre supérieure qui était un peu relevée à gauche.

Les mains ne laissaient rien à désirer ; nulle part la plus légère altération. Si les articulations avaient perdu leurs mouvemens, la peau semblait avoir conservé cette couleur particulière qui n'appartient qu'à ce qui a vie. Les doigts portaient des ongles longs, adhérens et très blancs. Les jambes étaient renfermées dans les bottes, mais, par suite de la rupture des fils, les quatre derniers orteils dépassaient de chaque côté. La peau de ces orteils étaient d'un blanc mat et garnie d'ongles. La région antérieure du thorax était fortement déprimée dans la partie moyenne, les parois du ventre dures et affaissées. Les membres pa-

raissaient avoir conservé leurs formes sous les vêtemens
qui les couvraient ; j'ai pressé le bras gauche, il était dur
et avait diminué de volume.

Quant aux vêtemens, ils se présentaient avec leurs cou-
leurs ; ainsi on reconnaissait parfaitement l'uniforme des
chasseurs à cheval de la vieille garde, au vert foncé de
l'habit, au rouge vif des paremens ; le grand cordon de la
Légion-d'Honneur se dessinant sur le gilet, et la culotte
blanche cachée en partie par le petit chapeau qui reposait sur les cuisses. Les épaulettes, la plaque et les deux
décorations attachées sur la poitrine n'avaient plus leur
brillant, elles étaient noircies. La couronne d'or de la
croix d'officier de la Légion-d'Honneur seule avait conservé son éclat. Des vases d'argent apparaissaient entre les
jambes, un d'eux surmonté d'un aigle s'élevait entre les
genoux, je le trouvai intact et fermé. Comme il existait
des adhérences assez fortes entre ces vases et les parties
voisines qui les couvraient un peu, M. le commissaire du
roi n'a pas cru devoir les déplacer pour les examiner de
plus près.

Tels sont les seuls détails que m'ait permis d'enregistrer,
sur les restes mortels de l'empereur Napoléon, un examen
qui n'a duré que deux minutes. Ils sont incomplets, sans
doute, mais ils suffisent pour constater un état de conservation plus parfait que je n'étais fondé à l'attendre d'après
les circonstances connues de l'autopsie et de l'inhumation.
Ce n'est point ici le lieu d'examiner les causes nombreu-
ses qui ont pu arrêter, à ce point, la décomposition des
tissus ; mais nul doute que l'extrême solidité de la maçonnerie du tombeau et les soins apportés à la confection et
à la soudure des cercueils métalliques n'aient contribué
puissamment à produire ce résultat. Quoi qu'il en soit, j'ai
dû redouter pour ces restes le contact de l'air atmosphé-
rique, et, convaincu que le meilleur moyen d'en assurer

la conservation, était de les soustraire à son action destructive, je me suis rendu avec empressement aux invitations de M. le commissaire du roi, qui demandait que l'on fermât les cercueils.

J'ai remis à sa place le satin ouaté, après l'avoir légèrement enduit de créosote ; j'ai fait fermer hermétiquement les caisses en bois, et souder avec le plus grand soin les caisses en métal.

Les restes de l'empereur Napoléon sont aujourd'hui dans six cercueils.

1° Un cercueil en ferblanc ;

2° Un cercueil en bois d'acajou ;

3° Un cercueil en plomb ;

4° Un second cercueil en plomb, séparé du précédent par de la sciure et des coins de bois ;

5° Un cercueil en bois d'ébène ;

6° Un cercueil en bois de chêne, qui protège le cercueil en ébène.

Fait à l'île de Sainte-Hélène, le 15 du mois d'octobre 1840.

Signé Remy Guillard,
docteur-médecin.

Le commissaire du roi,

Signé Ph. de Rohan-Chabot.